Einleitung

Mit dieser handlichen Buchserie zur Wissensvermittlung sagen wir dir: willkommen in der wunderbaren Welt der Gebärdensprache!
Diese Buchserie ist nicht nur für das Bücherregal bestimmt, sondern auch dafür, um sie jederzeit zur Hand zu haben.
Dieses Buch zeigt dir die jeweils wichtigsten Bauerhoftiere, Haustiere und Insekten. Du lernst nicht nur die Gebärden für die Beschreibung von Tieren kennen. Ausserdem vermitteln wir dir sehr nützliches Wissen: Zu welchen Stämmen, Klassen und Ordnungen diese Tiere gehören. Freue dich auf die Antworten in diesem Buch. Hier findest du auch noch typische Merkmale, wenn es darum geht: Wie kannst du gebärden, dass Tiere stehen, gehen, beissen oder fressen?

Dieses Buch erklärt jedoch nicht, was Begriffe der Gebärdensprachelinguistik wie die Handformen, Substitutoren etc. bedeuten. Es zeigt auch nicht, wie die Gebärdensprache aufgebaut ist: z.B. die Kennzeichnung von Geschlechtern oder von Glossen. Hierzu empfehlen wir dir unsere Bücher „Gebärdensprache lernen 1" (ISBN: 978-3-9523171-5-0) und „Gebärdensprache lernen 2" (ISBN: 978-3-906054-17-9)!

Das findest du in diesem Buch:
Mit jedem Tierbild wird die Klassenzuordung mit Symbolen verdeutlicht. Im ersten Teil zeigen wir dir Tiere mit Bildern, Namen, Handformen und Gebärden. Im zweiten Teil, ab Seite 22, siehst du die Substitutoren der Tierarten. Im dritten Teil, ab Seite 24, lernst du typische Bewegungsmerkmale einzelner Lebewesen kennen. Im vierten Teil, ab Seite 33, sind die Symbole entschlüsselt.

Alle Gebärdenbilder findest du auf unserer Lernapp auf www.gebaerdensprache-lernen.ch. Auf der letzten Seite findest du einen App-Code. Mit dem kannst du dieses Set in der Lernapp einmalig gratis freischalten.

Nun wünschen wir dir viel Freude mit diesem Buch, und wir hoffen, dass es dich während vieler spannender Entdeckungen begleiten darf.

BAUERNHOFTIERE

HAUSTIERE

INSEKTEN

Rinder	Rinder	Pferde

 Der Bison BISON   **Der Büffel** BÜFFEL   **Der Esel** ESEL

Hühner	Hühner	Hühner

 Der Hahn HAHN   **Das Huhn** HUHN   **Das Küken** KÜKEN

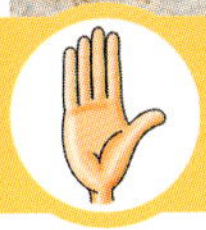

	Der Hase **HASE**		Das Kaninchen **KANINCHEN**	

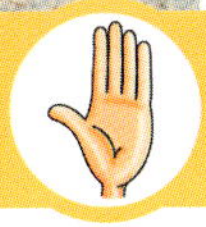

Rinder

| | Die Kuh
KUH | | | Der Stier
STIER | | | Das Kalb
KALB |  |

Pferde

 Die Stute 🌀 Der Hengst 🌀
PFERD

  Das Fohlen
FOHLEN

  Das Pony
PONY

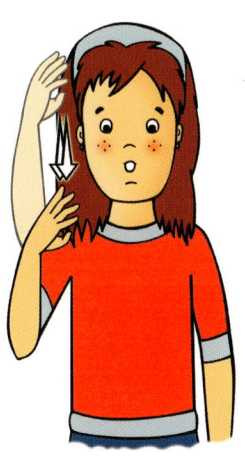

Schafe

Das Schaf	Der Widder	Das Lamm
SCHAF	WIDDER	LAMM

Schweine

Die Sau 🐷 Der Eber 🐗
SCHWEIN

Schweine

Das Ferkel
FERKEL

Ziegen

Ziegen

 Die Ziege 🐐 Der Bock 🐏
ZIEGE

 Das Geisslein
GEISSLEIN

Fische	Hamster	Hunde
Der Fisch FISCH	**Der Hamster** HAMSTER	**Die Hündin** **Der Rüde** HUND

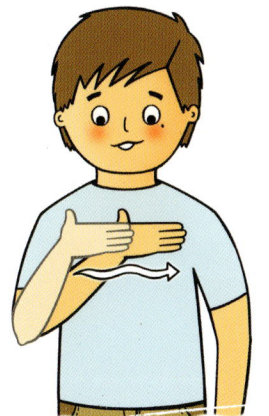  

11

Katzen	 Meerschweinchen	 Sittiche

Die Katze / Der Kater **KATZE**	Das Meerschweinchen **MEERSCHWEINCHEN**	Der Wellensittich **WELLENSITTICH**

  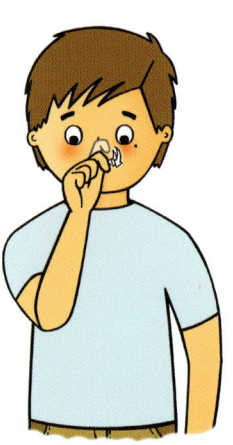

12

Ameisen	Bienen	Fliegen

 Die Ameise **AMEISE**	Die Biene **BIENE**	Die Fliege **FLIEGE**
	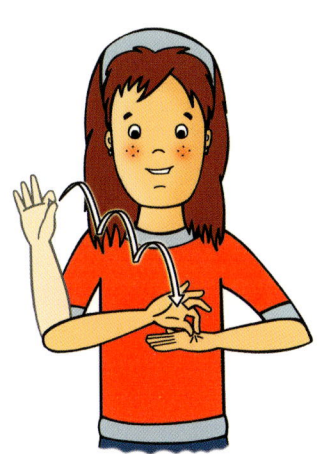	

Flöhe	Grillen	Wespen
Der Floh **FLOH**	**Die Grille** **GRILLE**	**Die Hornisse** **HORNISSE**

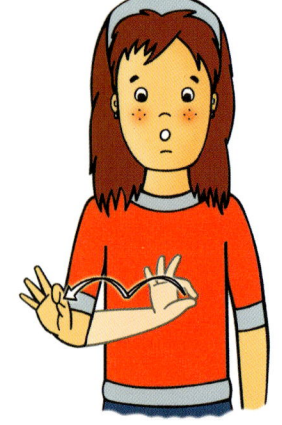  

Fliegen	Heuschrecken	Bienen

 Die Bremse **BREMSE**	Die Heuschrecke **HEUSCHRECKE**	Die Hummel **HUMMEL**

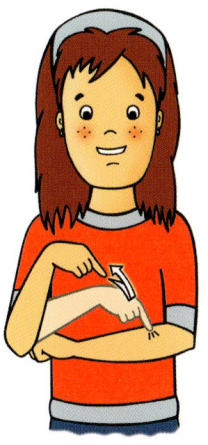 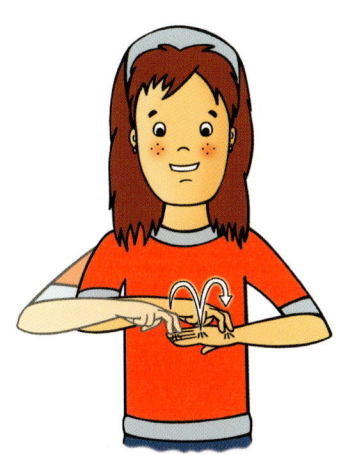 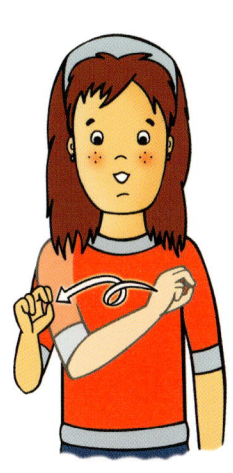

Schaben	Läuse	Libellen
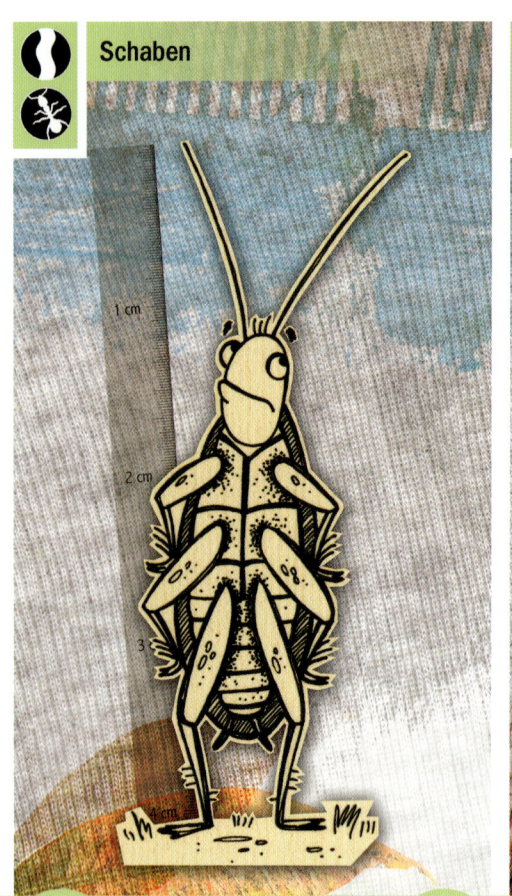		
 Die Kakerlake **KAKERLAKE**	Die Laus **LAUS**	Die Libelle **LIBELLE**

Käfer	Käfer	Schmetterlinge
Der Maikäfer **MAIKÄFER**	Der Marienkäfer **MARIENKÄFER**	Die Motte **MOTTE**

Mücken	 Schnecken	 Ohrwürmer
Die Mücke **MÜCKE**	Die Nacktschnecke **NACKTSCHNECKE**	Der Ohrwurm **OHRWURM**

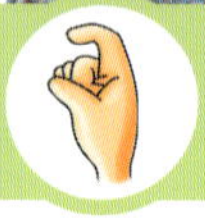

Larven der Schmetterlinge	Schmetterlinge	Ringelwürmer

Die Raupe **RAUPE**	Der Schmetterling **SCHMETTERLING**	Der Regenwurm **REGENWURM**

Schnecken	Spinnen	Tausendfüsser

 Die Gehäuseschnecke **GEHÄUSESCHNECKE**	Die Spinne **SPINNE**	Der Tausendfüsser **TAUSENDFÜSSER**

Wanzen	Wespen	Zecken

 Die Feuerwanze **FEUERWANZE**	 Die Wespe **WESPE**	Die Zecke **ZECKE**

Substitutor - Ganzer Tierkörper

 Tiere mit 2-4 Beinen

 Tiere mit 6-8 Beinen

Stellvertretende Handform für Tier mit 2-4 Beinen

Stellvertretende Handform für Tier mit 6-8 Beinen

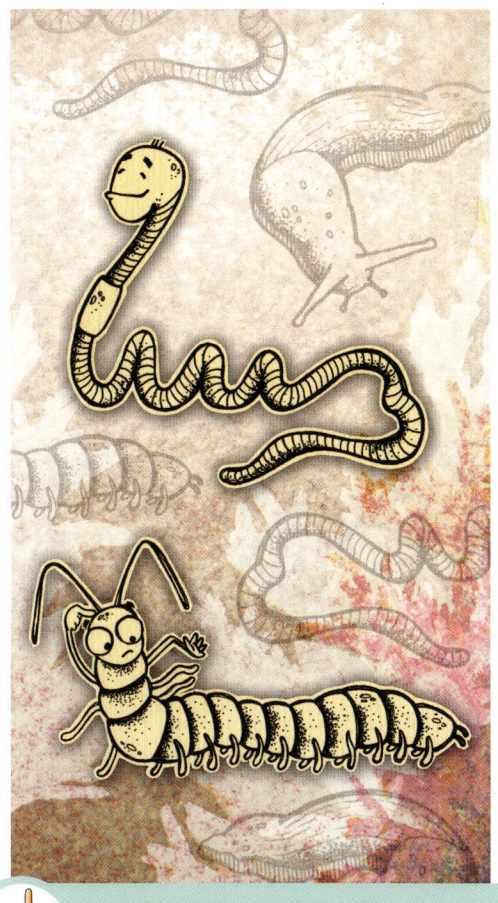

 Tiere mit langem, schmalem Körper und mit vielen Beinen

 Tiere mit seitlich flachem Körper

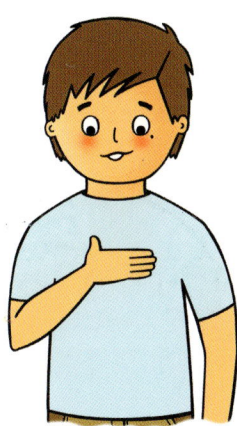

Stellvertretende Handform für Tier mit langem, schmalem Körper

Stellvertretende Handform für Tier mit seitlich flachem Körper

Substitutor & Verben - Typische Merkmale der Huftiere

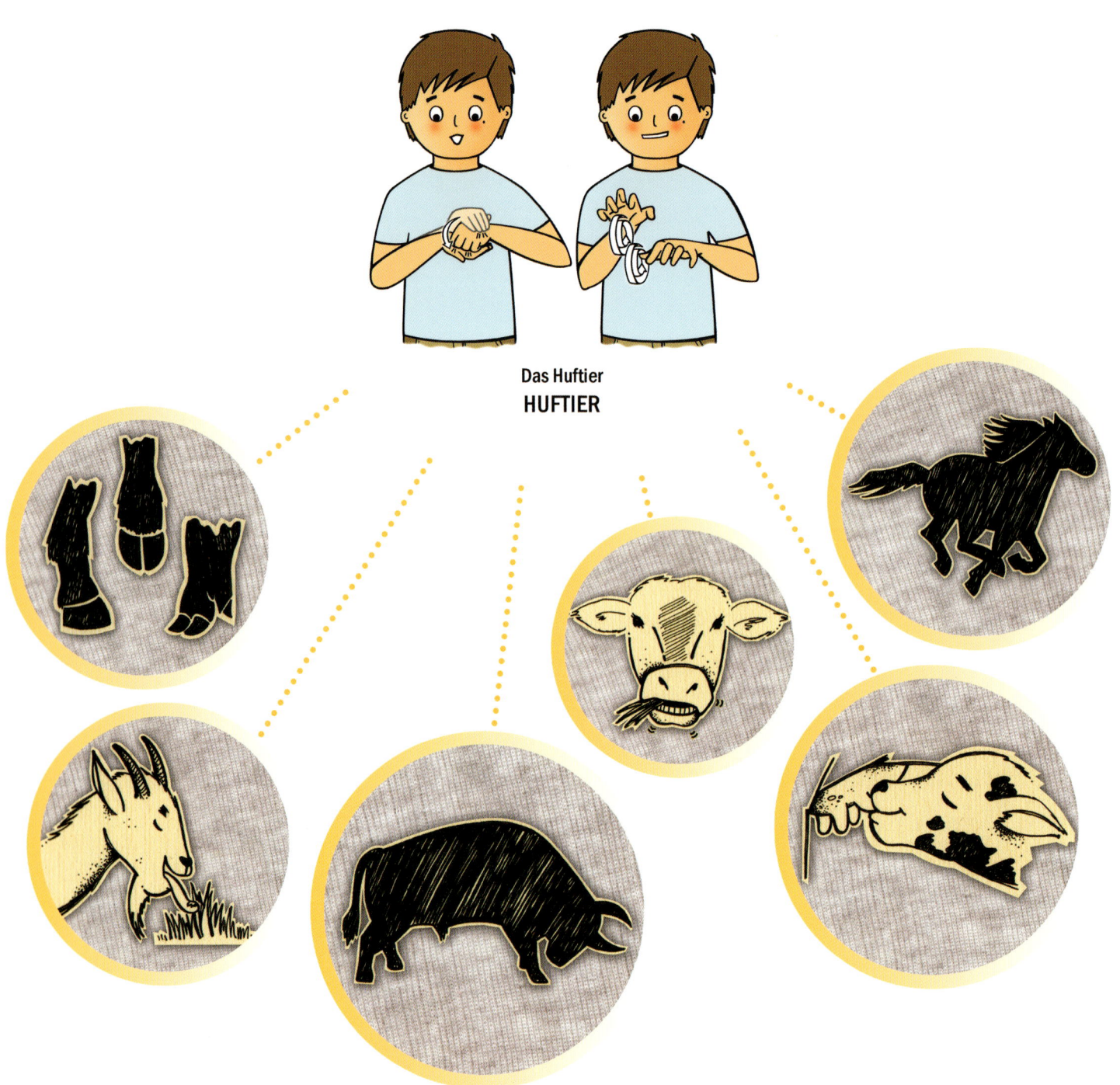

Das Huftier
HUFTIER

 **Huftier-Füsse STEHEN** — Ein Huftier steht

 **Huftier-Füsse STAMPFEN** — Ein Huftier stampft

  Huftier-Füsse RENNEN — Ein Huftier rennt

 **Zunge ABREISSEN** — Mit der Zunge das Gras abreissen

 **Kuh KAUEN** — Eine Kuh kaut

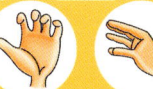 **Jungtier SAUGEN Zitzen** — Ein Jungtier säugt an den Zitzen

Substitutor & Verben - Typische Merkmale der Raub- und Nagetiere

Die Füsse von Raub- und Nagetieren
PFOTENTIER

 **Hund-Füsse STEHEN**
Ein Hund steht

 **Katze-Füsse SCHLEICHEN**
Eine Katze schleicht

 **Katze-Füsse RENNEN**
Eine Katze rennt

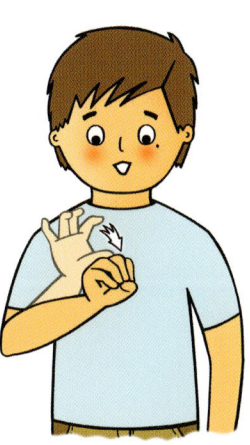  

 Raubtier ZUBEISSEN
Ein Raubtier beisst zu

Nagetier NAGEN
Ein Nagetier nagt

Schnauze SCHNUPPERN
Ein Hund oder eine Katze schnuppert mit der Schnauze

Substitutor & Verben - Typische Merkmale der Vögel

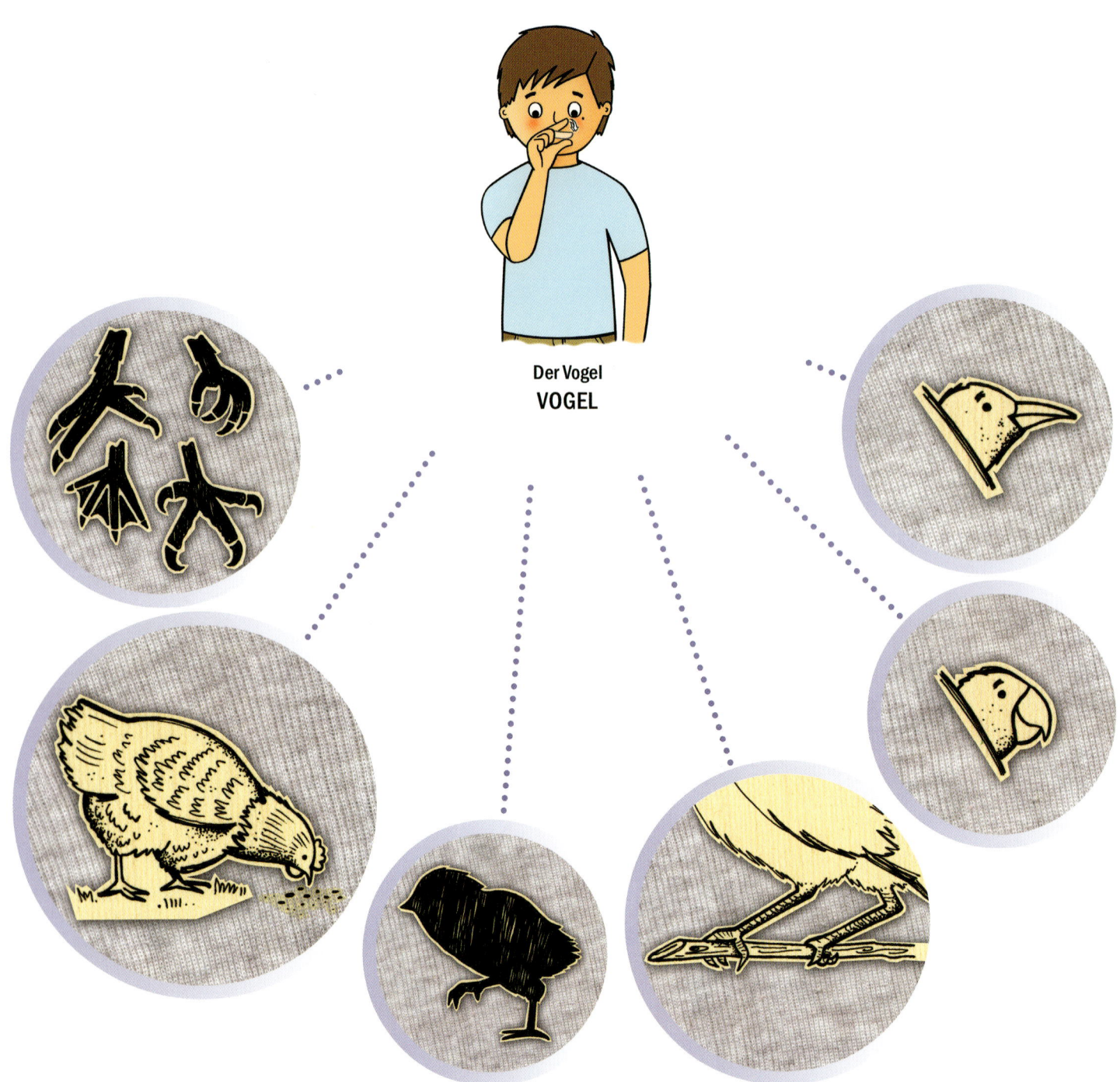

Der Vogel
VOGEL

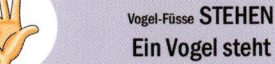 **Vogel-Füsse STEHEN**
Ein Vogel steht

 **Vogel-Füsse GEHEN**
Ein Vogel geht

 **Vogel-Füsse SITZEN auf Stange**
Ein Vogel sitzt auf einer Stange

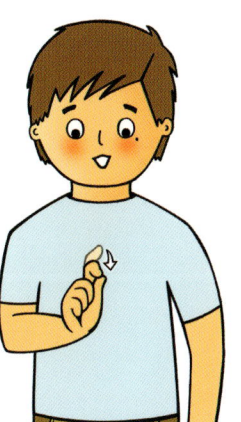
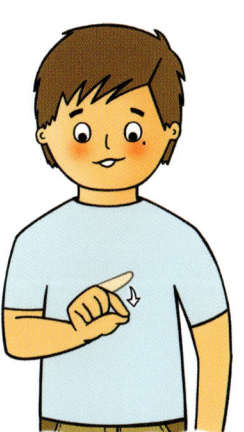
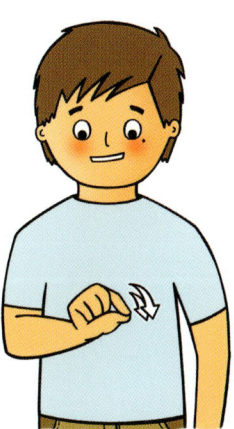

 Papageien-Schnabel ZUGREIFEN
Ein Papagei greift etwas

Vogel-Schnabel FESTHALTEN
Ein Vogel hält die Nahrung mit dem Schnabel fest

Huhn PICKEN
Ein Huhn pickt die Nahrung auf

Substitutor & Verben - Typische Merkmale der Insekten und Spinnentiere

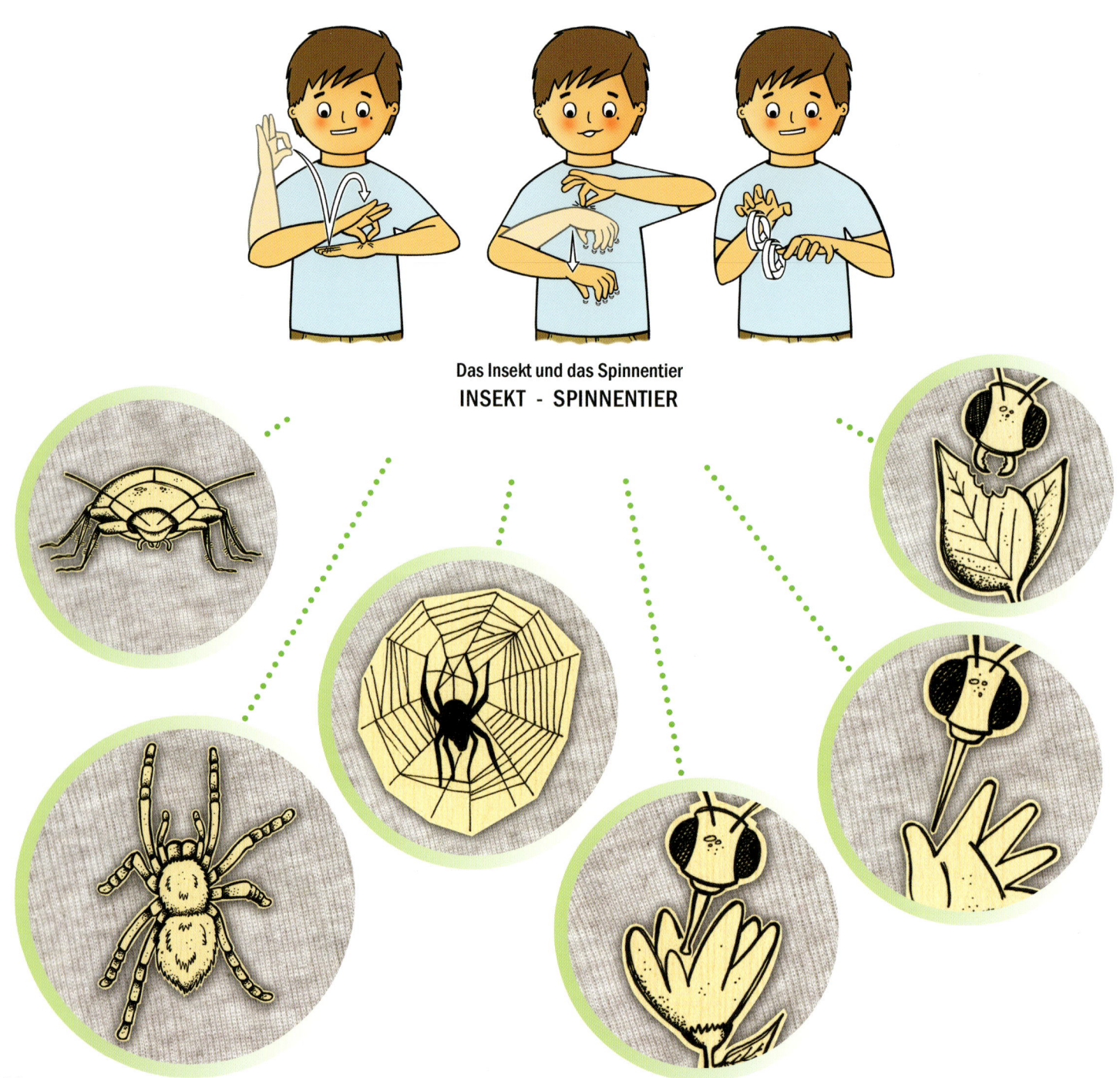

Das Insekt und das Spinnentier
INSEKT - SPINNENTIER

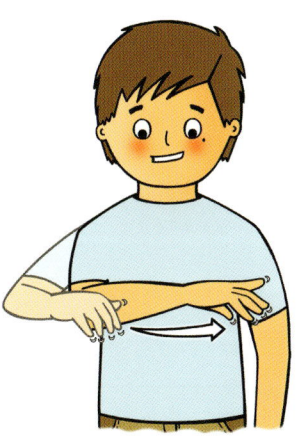
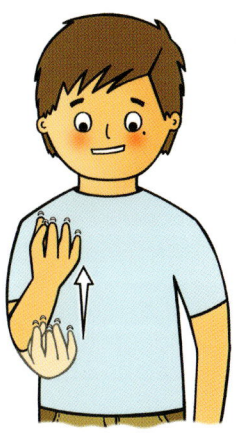

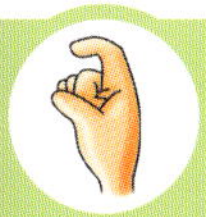

Insekten-Beine **STEHEN**
Die Füsse des Insekts stehen auf dem Boden

Insekt **GEHEN**
Ein Insekt bewegt sich fort

Spinne **HINAUFZIEHEN**
Eine Spinne zieht sich am Faden hinauf

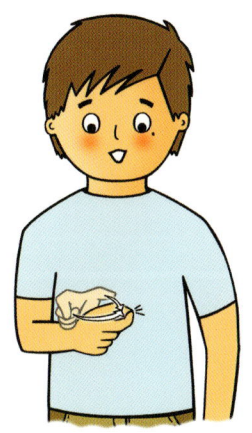

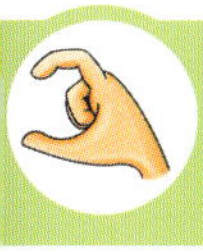

Käfer **ZUBEISSEN**
Ein Käfer beisst zu

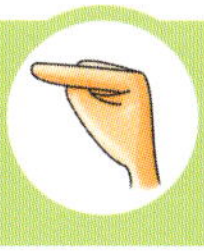

Mücke **STECHEN**
Eine Mücke sticht

Schmetterling **SAUGEN**
Ein Schmetterling saugt

Substitutor & Verben - Typische Merkmale der Fische

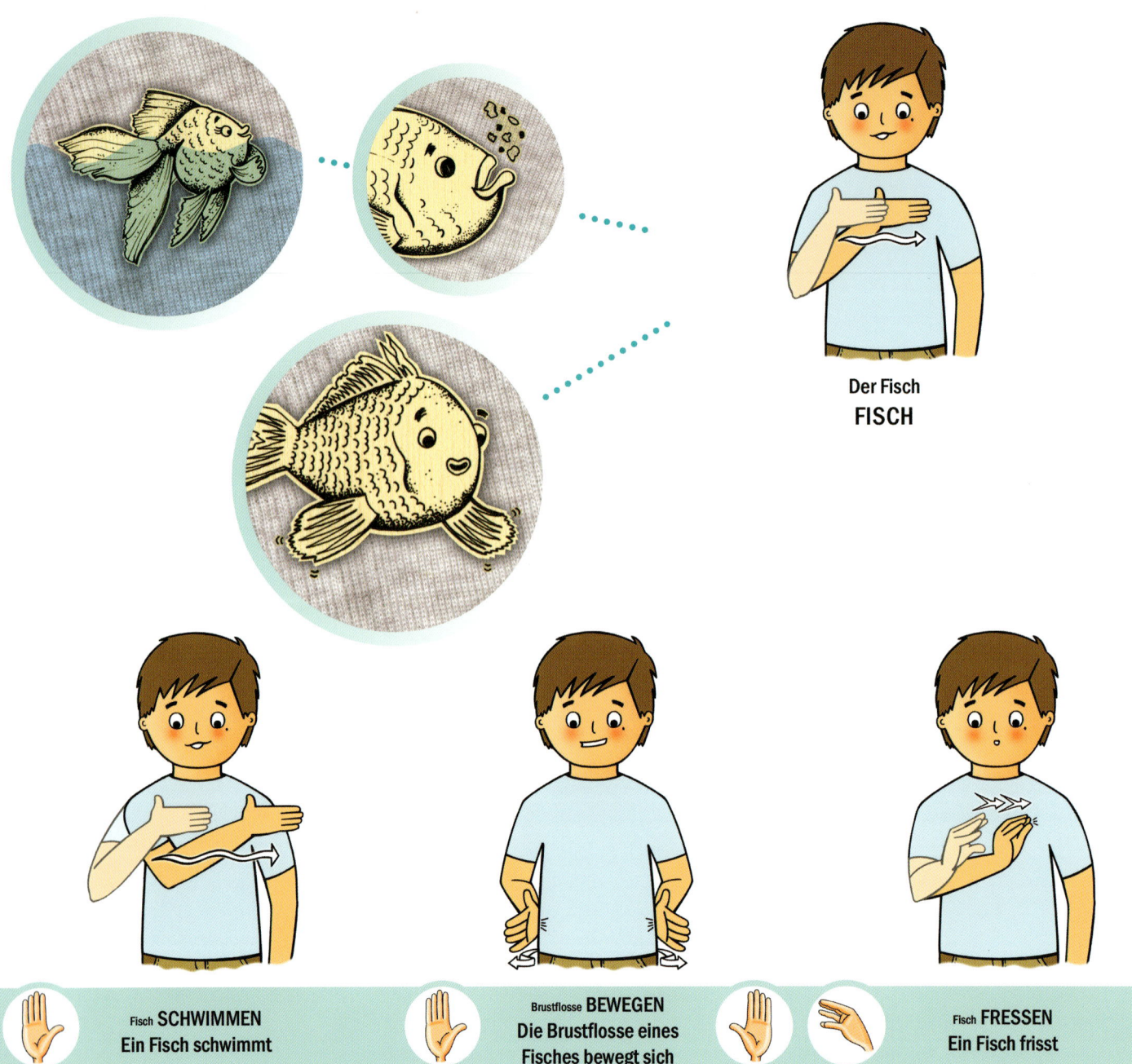

Die Einteilung der Tiere

Die Wirbeltiere **WIRBELTIERE**	Die Säugetiere **SÄUGETIERE**	Die Wiederkäuer **WIEDERKÄUER**

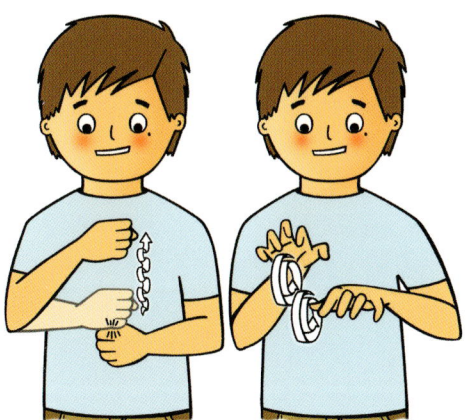
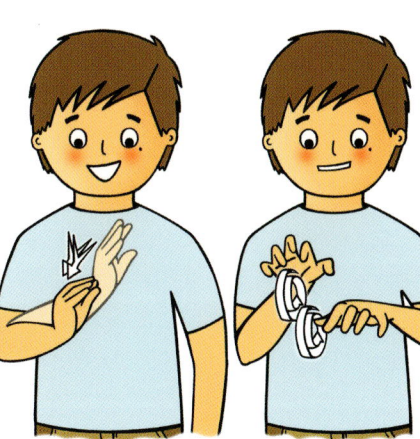

|  Die Huftiere **HUFTIERE** | Die Raubtiere **RAUBTIERE** | Die Nagetiere **NAGETIERE** |

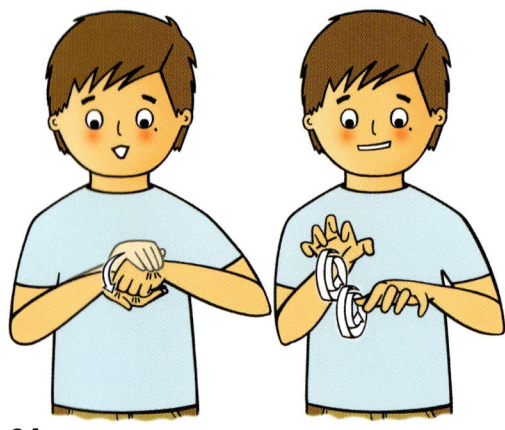     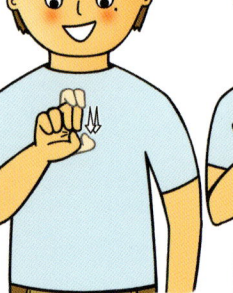 

 **Die Vögel** VÖGEL	 **Die Fische** FISCHE	 **Die Wirbellosen** WIRBELLOSE

 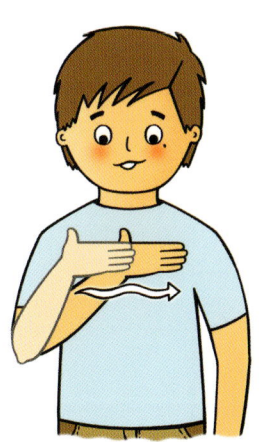 

|  Die Weichtiere **WEICHTIERE** | Die Gliedertiere **GLIEDERTIERE** | Die Spinnentiere **SPINNENTIERE** |

 Die Insekten
INSEKTEN

 Weiblich
WEIBLICH

 Männlich
MÄNNLICH

Handformen-Verzeichnis

WIEDERKÄUER

BAUERNHOFTIERE
GEISSLEIN
ZIEGE

BISON
FOHLEN
Huftier-Füsse **RENNEN**
Huftier-Füsse **STAMPFEN**
Huftier-Füsse **STEHEN**
PFERD
WIRBELTIERE

FISCH
Fisch **SCHWIMMEN**
Stellvertretende Handform
für Tier mit flachem Körper

Brustflosse **BEWEGEN**
HASE
HAUSTIERE
Hund-Füsse **STEHEN**
Katze-Füsse **RENNEN**
Katze-Füsse **SCHLEICHEN**
PFOTENTIER
SCHMETTERLING

GRILLE
HAMSTER

GLIEDERTIERE

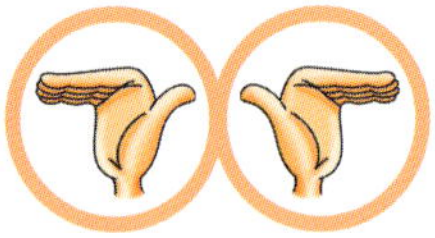

LAMM
SCHAF

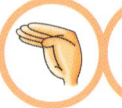 

HUND

MAIKÄFER

BREMSE
REGENWURM
Stellvertretende Handform
für Tier mit langem, schmalem Körper

KAKERLAKE
MOTTE

Mücke **STECHEN**

WESPE

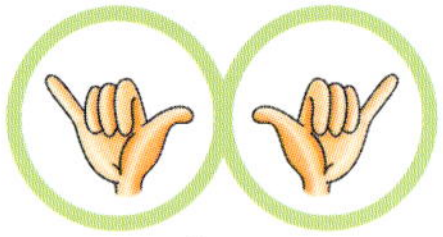

BÜFFEL
KALB
KUH
STIER

Papageien-Schnabel **ZUGREIFEN**
WELLENSITTICH

Insekten-Beine **STEHEN**
OHRWURM

MARIENKÄFER

RAUPE

ESEL
HORNISSE
KANINCHEN
LIBELLE

Zunge **ABREISSEN**

NACKTSCHNECKE

HAHN

Vogel-Füsse **GEHEN**
Vogel-Füsse **STEHEN**

AMEISE
HEUSCHRECKE
Stellvertretende Handform
für Tier mit 2-4 Beinen

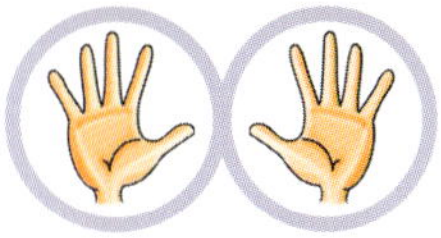

Handformen-Verzeichnis

FEUERWANZE

WIRBELLOSE

FERKEL
Insekt **GEHEN**
Raubtier **ZUBEISSEN**
SCHWEIN
Spinne **HINAUFZIEHEN**
Stellvertretende Handform
für Tier mit 6-8 Beinen

RAUBTIERE

SPINNE
SPINNENTIERE

Fisch **FRESSEN**
Jungtier **SAUGEN** Zitzen
SÄUGETIERE
Schmetterling **SAUGEN**

MEERSCHWEINCHEN

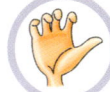 
Kuh **KAUEN**

PONY

TAUSENDFÜSSER

HUHN
Huhn **PICKEN**
KÜKEN

HUMMEL

Käfer **ZUBEISSEN**

VOGEL
Vogel-Schnabel **FESTHALTEN**

Nagetier **NAGEN**
NAGETIERE

Vogel-Füsse **SITZEN** auf Stange

Schnauze **SCHNUPPERN**

WIDDER

HUFTIERE

MÄNNLICH

WEICHTIERE

FLIEGE
FLOH
LAUS

KATZE

BIENE
INSEKTEN
MÜCKE
ZECKE

GEHÄUSESCHNECKE

WEIBLICH

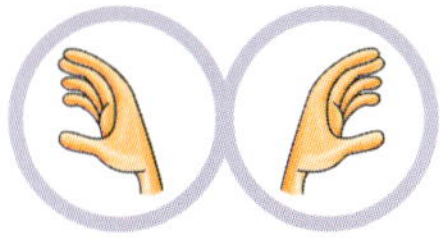

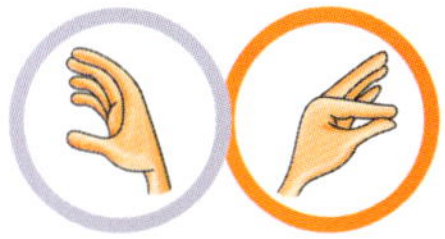

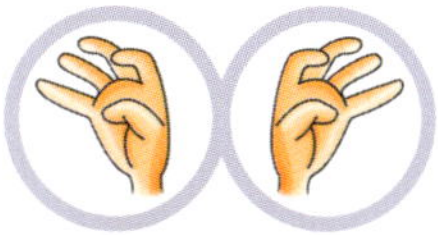

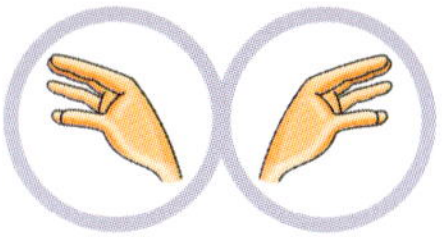

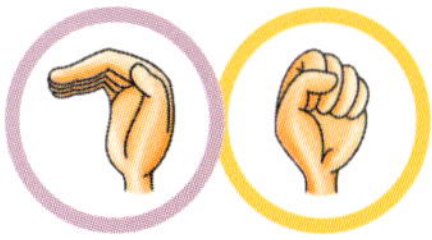

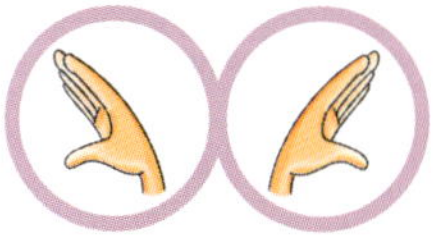

Inhaltverzeichnis

Ameise	13
Biene	13
Bison	3
Bremse	15
Büffel	3
Esel	3
Ferkel	9
Feuerwanze	21
Fisch	11
Fliege	13
Floh	14
Fohlen	7
Gehäuseschnecke	20
Geisslein	10
Grille	14
Hahn	4
Hamster	11
Hase	5
Heuschrecke	15
Hornisse	14
Huhn	4
Hummel	15
Hund	11
Kakerlake	16
Kalb	6
Kaninchen	5
Katze	12
Kuh	6
Küken	4
Lamm	8
Laus	16
Libelle	16
Maikäfer	17
Marienkäfer	17
Meerschweinchen	12
Motte	17
Mücke	18
Nacktschnecke	18
Ohrwurm	18
Pferd	7
Pony	7
Raupe	19
Regenwurm	19
Schaf	8
Schmetterling	19
Schwein	9
Spinne	20
Stier	6
Tausendfüsser	20
Wellensittich	12
Wespe	21
Widder	8
Zecke	21
Ziegen	10

Substitutor - Ganzer Tierkörper:
.............22

Substitutor & Verben:

Typische Merkmale der Fische	32
Typische Merkmale der Huftiere	24
Typische Merkmale der Insekten und Spinnentiere	30
Typische Merkmale der Raub- und Nagetiere	26
Typische Merkmale der Vögel	28

Einteilung der Tiere:

Fische	35
Gliedertiere	36
Huftiere	34
Insekten	37
Männlich	37
Nagetiere	34
Raubtiere	34
Säugetiere	33
Spinnentiere	36
Vögel	35
Weiblich	37
Weichtiere	36
Wiederkäuer	33
Wirbellose	35
Wirbeltiere	33

Handformen - Verzeichnis:
.............38-39